AF249478

FÊTE

DE

LA RECONNOISSANCE,

AN VII.

EXTRAIT du Régistre des Délibérations de l'Administration municipale du huitième Arrondissement du Canton de Paris, Département de la Seine, le 12 Prairial an VII.

L'ADMINISTRATION MUNICIPALE, ouï le Commissaire du Directoire exécutif, arrête : Que le Discours prononcé par le Citoyen *Fleurizelle*, son Président, le 10 Prairial an 7, à l'occasion de la Fête de la Reconnoissance, sera imprimé au nombre de 300 exemplaires.

Pour extrait,

Signé PILLAS, *Secrétaire en chef.*

DISCOURS

Prononcé par le C^{en} FLEURIZELLE, Président de l'Administration municipale du huitième Arrondissement.

DISCOURS

Prononcé par le C^{en} FLEURIZELLE, Président de l'Administration Municipale du huitième Arrondissement, le 10 Prairial an VII, jour de la Fête de la Reconnoissance.

CITOYENS,

CÉLÉBRER la Fête de la Reconnoissance, c'est célébrer la fête des plaisirs les plus purs que puisse goûter un homme sensible. Il n'en est pas qui soit plus capable de satisfaire son cœur. Loin de laisser des regrets, il produit toujours de nouvelles jouissances.

Le sentiment de la Reconnoissance est donc le plus beau présent que la Divinité ait fait à l'homme.

C'est la Reconnoissance qui l'élève à son créateur, qui le lie à ses semblables, qui l'attache à sa patrie.

C'est la Reconnoissance qui donne à la femme le courage d'être mère.

C'est la Reconnoissance qui donne à l'homme la force de supporter les fatigues, les soucis, de prodiguer sa fortune, son existence même, pour élever ses enfans.

Et cette nourrice! qui lui inspire cette tendresse pour un enfant remis à ses soins; qui peut l'engager à lui donner la substance la plus pure d'elle-même? c'est l'idée de la Reconnoissance. Un seul sourire de son nourrisson suffit pour la dédommager de toutes ses peines.

La Reconnoissance n'est donc pas une vertu stérile, elle est la source du bonheur du genre humain.

C'est la Reconnoissance qui engage l'homme riche à venir au secours du pauvre, le fort au secours du faible. Dans tous les instans de la vie, depuis le berceau jusqu'au tombeau, nous avons sans cesse besoin les uns des autres; et, sans la Reconnoissance, au lieu de s'aider, les hommes s'entre-déchireroient.

On peut donc dire avec vérité que la Reconnoissance est la Déesse de la Fraternité, et que retrancher du monde la Reconnoissance, c'est rompre tous les liens de la Société.

Il est donc bien criminel, cet ingrat qui, plus insensible que les bêtes les plus féroces, a la barbarie d'oublier un bienfait.

Qu'il ouvre les annales de l'histoire, il y verra le lion d'Androclès, le dragon de Thoas, tous deux, par reconnoissance, sauver la vie à leurs bienfaiteurs : il y trouvera sa condamnation, et il apprendra qu'un homme ne peut manquer à la Reconnoissance, sans blesser la Société entière.

Jusqu'à présent nous n'avons considéré la Reconnoissance que dans ses rapports particuliers; ici, elle va prendre un plus noble essor. Elle va devenir l'interprête du plus généreux des Peuples.

Fille du ciel, divine Reconnoissance, prête-nous tes accens sublimes ; célèbre avec nous les vertus que tu as enfantées.

Paye d'abord le tribut si justement mérité par ces braves Défenseurs de la Patrie ; retrace-nous les privations qu'ils ont supportées, les périls qu'ils ont bravés, les ennemis qu'ils ont vaincus. Dis-nous que, pleins de gratitude pour les Fondateurs de la République, ils ont volé cueillir des lauriers, à l'ombre desquels repose la bienfaisante Liberté. Peins-nous cette ardeur dont ils sont enflammés, lorsque le Sénat français déclare à toute la France, *qu'ils ont bien mérité de la Patrie.*

Si nos soldats ont fait tant de prodiges qui, quoiqu'ils se reproduisent tous les jours, étonnent encore l'univers, et que la postérité aura peine à croire, courageux Législateurs, c'est à votre constante énergie que nous le devons. Non contens d'avoir osé planter l'arbre de la liberté, vous avez formé autour de lui une barrière que n'a pu rompre aucune attaque. Ni le croassement de ces vils animaux qui cherchoient à ronger ses racines ; ni les hurlemens de ces hommes furibonds, qui accouroient la hache à la main, ni ces hordes de barbares qui venoient en foule pour vous détruire avec cet arbre sacré, rien n'a pu vous ébranler, rien n'a pu vous intimider. Recevez-en notre Reconnoissance, que votre cœur soit satisfait : nous le jurons, la République ne périra jamais.

Et vous, Membres du Directoire exécutif, vous

partagez la gloire de nos Législateurs dont vous avez partagé les périls et les travaux.

Par la sagesse de vos plans, par la fermeté de votre conduite, vous avez triomphé de tous les ennemis conjurés de la République; vous pouviez renverser les trônes ; votre modération vous arrête ; vous n'écoûtez que le cri de l'humanité qui demande que l'on épargne le sang. Au milieu des victoires et des triomphes, vous présentez l'olivier de la paix à l'Autriche abattue : mais cette Autriche, si lâche dans les combats, si astucieuse dans les traités, si sanguinaire lorsqu'elle croit n'avoir rien à craindre, a changé cet olivier en cyprès. Ce cyprès fournira des armes à nos intrépides soldats. Farouche Autriche ! l'as-tu entendu ce cri terrible répété par toute la France? tremble, ta dernière heure est sonnée.

Roberjot, Bonnier, victimes infortunées du plus lâche et du plus abominable assassinat, faut-il qu'au lieu des fleurs de la Reconnoissance, nous ayons à verser sur votre tombe les larmes de la douleur et de l'indignation ! Pénétrés de la mission auguste dont vous étiez revêtus par un Peuple non moins généreux que redoutable, vous n'aviez épargné ni veilles, ni travaux pour rendre à l'Europe une paix si desirée : vous cherchiez à fermer les plaies que la guerre avoit faites.

Hélas ! vous ne pensiez pas que des monstres préparoient contre vous des coups qui devoient mettre toute l'Europe en deuil. Peuples de l'Europe qui desiriez la paix , vous savez combien vos Ministres frémirent d'indignation au recit de cet attentat inouï ! Ils sentirent que ce n'étoit pas seulement aux jours des Ministres Français que l'on avoit attenté ; ils crurent voir le glaîve suspendu sur toutes leurs têtes ; ils reconnurent les coups du crime coujuré contre la vertu ; ils crièrent vengeance : oui , Peuples de tous les pays, vous la devez cette vengeance , à vos Ministres , à vous-mêmes , je dirai même à la Nation française outragée : il ne peut plus y avoir de paix entre vous et l'Autriche. Unissez donc vos bataillons aux nôtres, et bientôt le perfide qui compte sur des succès éphémères , n'existera plus.

Mais, Français, c'est à nous que s'adresse directement ce sanglant outrage. En assassinant nos Ministres, le féroce Autrichien auroit voulu, comme un autre Néron , d'un seul coup massacrer tous les Français. Français, ne vous abandonnez pas à une stérile douleur, ne regretez pas quelques sacrifices de plus , courez aux armes, et que votre cri unique soit le cri de la vengeance.

Ce cri a percé jusqu'à vous, jeunes enfans de la Patrie, vous regretez que vos bras n'aient pas encore assez de force pour seconder les vœux de la Patrie. Vous vouliez au moins honorer par vos larmes les cendres de nos Plénipotentiaires. La Patrie est sensible à cette preuve de votre Reconnoissance, elle retrouve en vous des enfans dignes d'elle. Oh ! combien vous devez l'aimer cette Patrie ! A l'instant de votre naissance, elle vous a reçus dans ses bras, elle vous prodigue ses soins les plus tendres. Elle est devenue votre mère ; vous êtes devenus ses enfans chéris. Vous n'oublierez jamais que tous vos sentimens, toute votre existence, vos cœurs, vos bras lui appartiennent, que vous lui devez compte de tous les instans de votre vie, et que votre dernier soupir doit être encore un soupir exhalé par la Reconnoissance, et dès que vous aurez acquis assez de force pour combattre les ennemis de la Patrie, vous vous rappelerez, pour mieux échauffer votre courage ; oui, vous vous rappelerez que, le 9 Floréal an 7, à neuf heures du soir, le Gouvernement autrichien a fait assassiner par ses troupes, les Ministres français à Rastadt, pour y négocier la paix. Vengeance ! vengeance !

Quittons ce souvenir déchirant, et revenons au but qui fait l'objet de cette Fête : portons nos regards sur un tableau propre à flater les cœurs sensibles.

Avec quelle douce émotion ne se rappelle-t-on pas les actes bienfaisans de ces hommes vertueux dont les délices sont de contribuer au bonheur du genre humain !

Philantropes, qui sans cesse vous occupez d'améliorer le sort des hommes, Philosophes anciens, Philosophes modernes, qui avez montré aux hommes le chemin de la vertu, de la liberté et du bonheur, de quelque nation que vous soyez, recevez les hommages de la Reconnoissance !

Ce seroit ici le moment de payer un juste tribut d'éloges à ce sage Ministre qui, par sa place, est principalement chargé de distribuer les bienfaits de la Nation. Sans parler de ses connoissances étendues, je pourrois dire que la bienfaissance est pour lui un besoin du cœur, qu'en prêchant cette vertu, il en donne l'exemple, qu'il ne met pas moins de délicatesse à soulager les infortunés dignes de la bienfaisance nationale, que d'empressement à les découvrir. Je pourrois ...... mais je me tais ... je craindrois de blesser sa modestie, et de laisser croire que je veux attirer à lui seul la reconnoissance que méritent également les autres Ministres.

Et vous aussi, respectables Instituteurs et

Institutrices , vous êtes les bienfaiteurs du genre-humain. Est-il un bienfait au-dessus des services importans que vous rendez tous les jours ? Par vos leçons, vous tirez l'homme de la condition des bêtes, vous l'élevez presque à la hauteur de la Divinité : par vos exemples , vous le conduisez à la vertu.

Citoyens Instituteurs, dont je me fais gloire de partager les honorables, mais pénibles fonctions, c'est une jouissance bien délicieuse pour moi d'avoir à vous témoigner la Reconnoissance , je ne dirai pas seulement de vos Administrateurs, mais de la France entière. Continuez, redoublez de zèle et de courage , s'il est possible : souvenez-vous que vous avez entre vos mains l'espérance de la Patrie, que cette Patrie s'attend à retrouver dans vos jeunes Elèves des Républicains vertueux prêts à voler à sa défense , et dignes d'en être l'ornement. Vos Elèves béniront votre nom , la Patrie en sera reconnoissante, et vous-mêmes, vous vous applaudirez d'avoir bien mérité de la Patrie.

Et vous, jeunes Élèves, n'oubliez jamais les obligations que vous avez à vos Instituteurs ; ils font plus pour vous, j'ose le dire, que ceux auxquels vous devez le jour. En naissant, vous n'êtes qu'une masse grossière, que l'on peut comparer à un marbre brut : en passant par là main de vos Instituteurs, vous prenez une autre forme, vous devenez des hommes, des hommes utiles à votre Patrie, à votre famille, à vous-mêmes. Ne perdez jamais de vue ce bienfait inappréciable, et songez que, pour des Instituteurs sensibles, le prix le plus flateur de leurs pénibles travaux, ne peut être payé que par la Reconnoissance.

Combien la tâche que j'ai à remplir aujourd'hui, m'offre de charmes et de plaisirs ! mais aussi combien il m'est difficile de citer les noms de tous ceux qui ont des droits à la gratitude de leurs concitoyens !

Commissaires de Bienfaisance, Juges-de-Paix, Assesseurs, Commissaires de Police, Commissaire du Directoire exécutif, si vous devez de la Reconnoissance à vos concitoyens pour les marques d'estime dont ils vous ont honorés, ils ne vous en doivent pas moins pour le zèle constant que vous apportez au soulagement des infortunés, à l'union des familles, à la sûreté des personnes, et à l'exécution des loix.

Pour nous qui sommes vos Administrateurs, citoyens, nous sentons tout le prix du choix honorable que vous avez fait de nous. Vous auriez pu trouver des citoyens plus instruits, plus intelligens : mais, nous osons le dire, ils n'auroient pas été plus zélés et plus disposés à veiller à vos intérêts. Si nos soins, si nos travaux peuvent mériter votre approbation , nous trouverons notre récompense dans la satisfaction que vous éprouverez vous-mêmes : et nous nous écrierons avec vous : *Vive la Reconnoissance ! Vive la République !*

Imprimerie à Prix-Fixe de D. DUPRÉ, rue des Coutures-Gervais , n°. 446.